La maison
Hem

Dictionnaire d'images bilingue pour enfants

Français-Suédois

Richard Carlson

AF479571

Copyright 2021 Richard Carlson

illustrations © copyright 2004-2014 Nova Development and its licensors

The author would like to thank the translators for their contribution.

La porte
dörr

La fenêtre
fönster

Le canapé

soffa

La table basse
bord

Le tapis

matta

Le salon
vardagsrum

Le rideau
gardin

La pendule

klocka

Le tableau

tavla

Le fauteuil
fåtölj

La lampe
lampa

Les placards

skåp

Les fleurs

blommor

La chaise
stol

La table
bord

La salle à manger
matrum

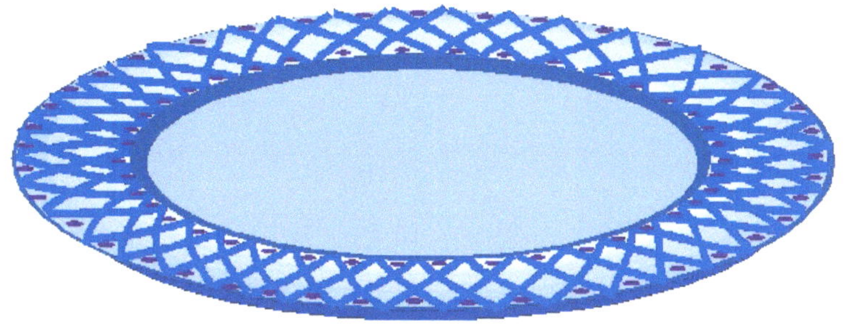

L'assiette
tallrik

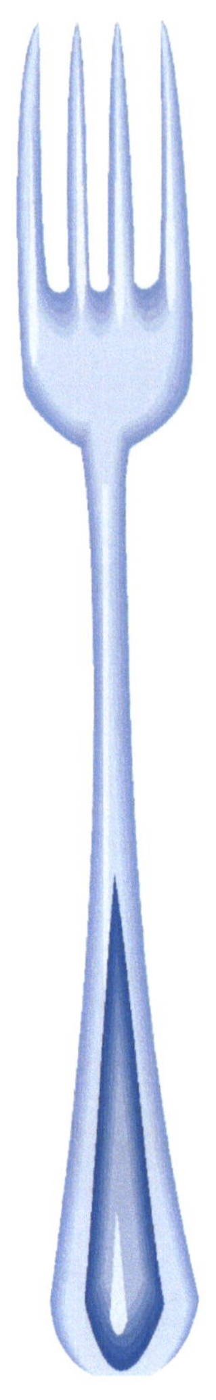

La fourchette
gaffel

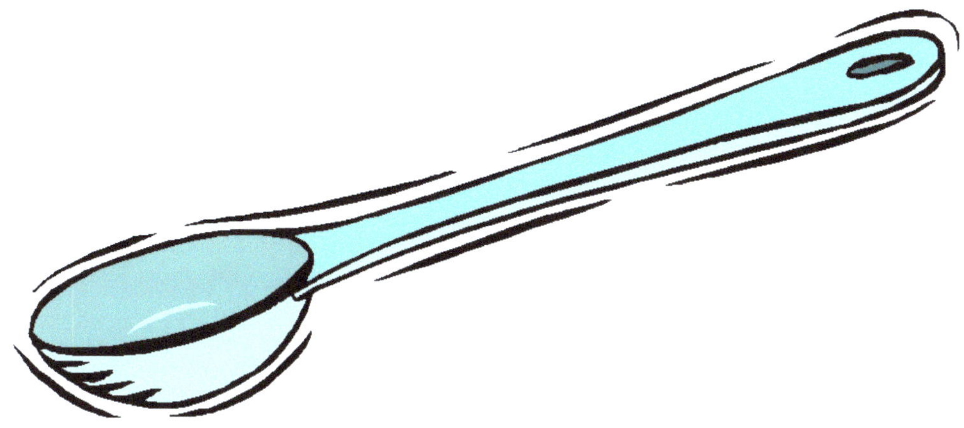

La cuillère

sked

Le couteau

kniv

Le verre
glas

La tasse
kopp

La cuisine
kök

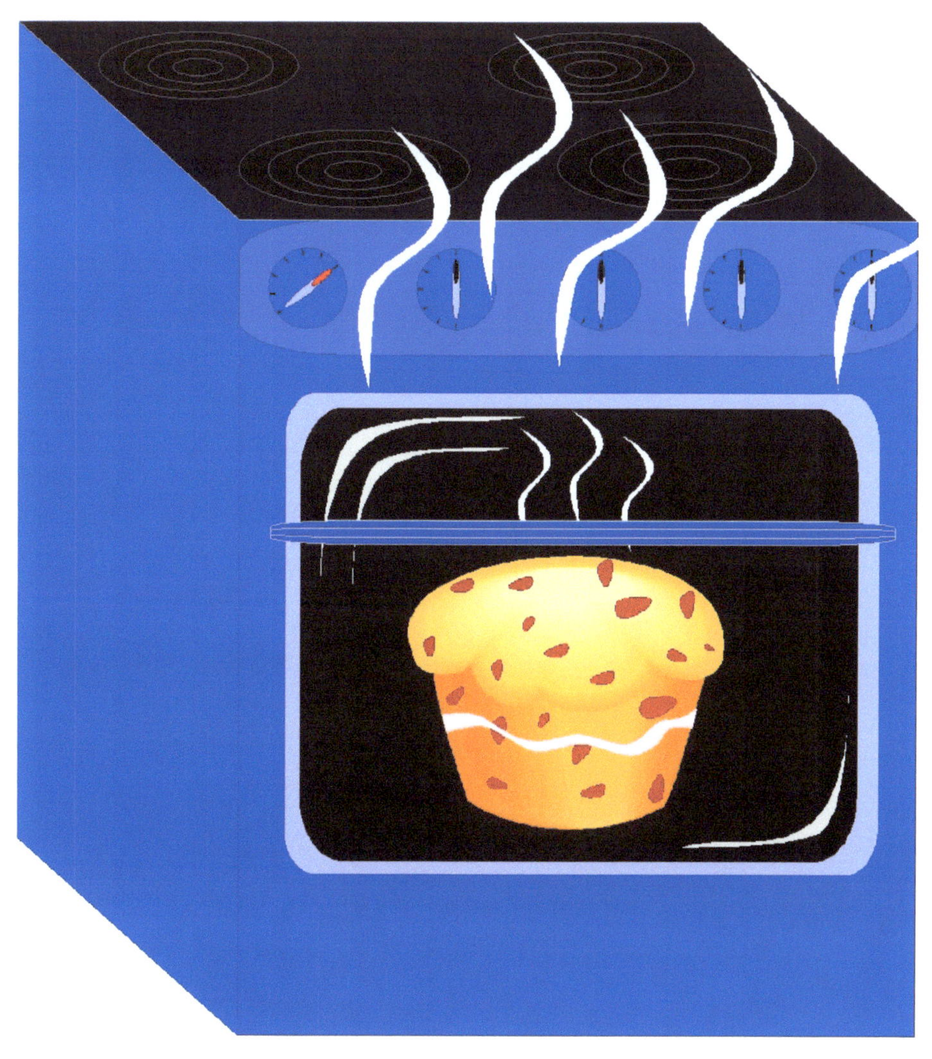

Le four
ugn

Le réfrigérateur
kylskåp

L'évier

handfat

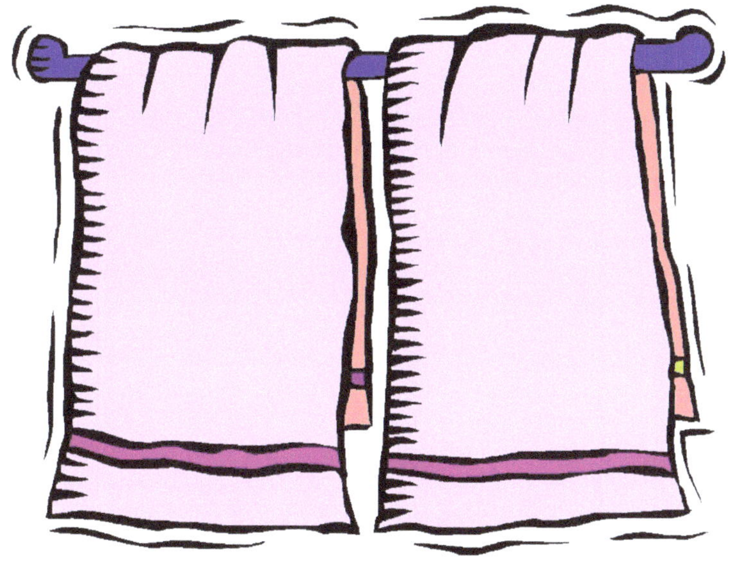

La serviette

handduk

La baignoire
badkar

La douche

dusch

La bibliothèque
bokhylla

Le lit
säng

La commode
byrå

La chambre
sovrum

Le placard
garderob

Le berceau

spjälsäng

La radio
radio

Le four à micro-ondes

mikrovågsugn

La poubelle

soptunna

Apprenez des choses dans un dictionnaire d'images illustrant la maison.

À propos de l'auteur : Richard Carlson est auteur de livres bilingues pour enfants.
www.richardcarlson.com

www.ingramcontent.com/pod-product-compliance
Lightning Source LLC
Chambersburg PA
CBHW042100110726
48006CB00002B/463